Henriette Wich, geboren 1970 in Landshut, wuchs mit sechs Geschwistern und drei Katzen auf und fing früh an zu erzählen. Nach dem Studium der Germanistik und der Philosophie in Regensburg arbeitete sie als Lektorin in verschiedenen Kinderbuchverlagen. Heute lebt sie als freie Autorin in München.

Eleni Zabini, 1975 geboren, hat bereits als Kind gerne gemalt und gezeichnet. Sie studierte Kunstgeschichte in Graz und ist seit 2003 als freie Illustratorin für verschiedene Verlage tätig. Sie lebt mit ihrem Mann und ihren beiden Kindern in Graz.

© Ellermann Verlag GmbH, Hamburg 2011
Alle Rechte vorbehalten
Einband und farbige Illustrationen von Eleni Zabini
Reproduktion: Igoma GmbH, Hamburg
Druck und Bindung: Grafisches Centrum Cuno, Calbe
Printed in Germany 2011
ISBN 978-3-7707-3972-1

www.ellermann.de

Henriette Wich · Eleni Zabini

Kleine Ballett-Geschichten

zum Vorlesen

ellermann

Ronja Wirbelwind

Als Ronja aufwachte, kribbelte es in ihren Armen und Beinen, als ob tausend Käfer darin herumkrabbelten. Kein Wunder! Heute durfte sie zum ersten Mal in den Ballettunterricht gehen. Ronja hüpfte ins Bad, tanzte unter der Dusche und sprang die Treppe hinunter.

»Langsam, langsam!«, rief Mama.»Setz dich erst mal. Magst du ein weich gekochtes Ei?«

Ronja schüttelte den Kopf. »Keine Zeit!« Sie schnappte sich ein Brötchen und trank ihren Kakao im Stehen. Dann hüpfte sie zurück in ihr Zimmer, um ihre Balletttasche zu packen.

Die Schule dauerte heute ewig. Ronja konnte keine Minute still sitzen. In der Pause tanzte und hüpfte sie wieder die ganze Zeit hin und her. Dann war es endlich so weit: Papa holte Ronja von der Schule ab und brachte sie zur Ballettschule. In der Umkleide zog Ronja blitzschnell ihr Trikot und ihre Ballettschläppchen an und flitzte als Erste in den Ballettsaal. Dort musste sie schon wieder warten, bis alle da waren.

Nachdem jeder seinen Namen gesagt hatte, stellte die Ballettlehrerin sich vor und sagte: »Herzlich willkommen! Wir wärmen uns auf. Streckt eure Arme über den Kopf, so hoch ihr könnt. Ja, so ist es gut! Jetzt legt das rechte Bein auf die Stange und streckt es ganz aus. Danach macht ihr dasselbe mit dem linken Bein.«

Ronja war mit Feuereifer dabei. Sie fand die Übungen so toll, dass sie alles gleich zwei- oder dreimal machte.

»Verausgabe dich nicht, Ronja!«, sagte die Ballettlehrerin. »Sonst hast du morgen einen furchtbaren Muskelkater.«

Ronja lachte nur. »Muskelkater? Ich doch nicht!«

Die Ballettlehrerin lächelte. »Wie du meinst.«

Nach dem Aufwärmen durften die Kinder Frösche sein und kleine Sprünge machen. Ronja war der quirligste Frosch von allen und machte viele Tausend Sprünge.

»Danke, Ronja, das reicht!«, sagte die Ballettlehrerin. »Denk an den Muskelkater!«

»Ja, ja«, sagte Ronja nur und hüpfte weiter.

Am Schluss durften alle durch den Ballettsaal tanzen, wie sie wollten. Endlich konnte Ronja sich so richtig austoben. Nur leider klatschte die Ballettlehrerin viel zu früh in die Hände und rief: »Das war's für heute.«

Am nächsten Tag wachte Ronja auf und wollte aus dem Bett hüpfen, aber

es ging nicht. Alles tat weh: die Arme, die Beine, sogar der Po. Ronja kam sich vor wie eine lahme Schnecke. Sie stöhnte bei jeder Treppenstufe und schleppte sich in die Küche.

»Was ist denn mit dir los?«, fragte Mama. »Hast du schlecht geschlafen?«

»Mir geht's super«, behauptete Ronja. »Kann ich heute ein weich gekochtes Ei haben? Ballerinas brauchen viel Kraft.«

Mama wuschelte Ronja durch die Haare. »Klar kannst du ein Ei haben.«

Leider half das Ei nicht gegen den Muskelkater. Auf dem Schulweg rannten die anderen Kinder an Ronja vorbei. Ronja fühlte sich immer noch wie eine Schnecke.

Da bog plötzlich die Ballettlehrerin um die Ecke. »Hallo, Ronja!«, sagte sie. »Na, hast du doch Muskelkater bekommen?«

»Ich?«, rief Ronja. »Nein, mir geht's super.« Um es ihrer Lehrerin zu beweisen, tanzte Ronja wie ein wilder Kobold um sie herum – bis sie über eine leere Coladose stolperte. »Aua!«, rief Ronja und rieb sich stöhnend die Beine.

Die Ballettlehrerin zwinkerte ihr zu. »Du Arme! Soll ich dir ein Geheimnis verraten? Früher war ich auch so ein Wirbelwind wie du. Ich hatte einen Muskelkater nach dem anderen.«

»Und später?«, wollte Ronja wissen.

Die Ballettlehrerin lächelte. »Später bin ich eine berühmte Primaballerina geworden.«

Gruselalarm

Bunte Blätter wirbelten durch die Luft. Emilia tanzte mit ihnen auf dem Weg zum Kindergarten und hüpfte Hand in Hand mit Oma die Treppenstufen hoch.
Plötzlich riss jemand die Tür von innen auf. Ein Kürbiskopf wackelte auf sie zu. »Huhuuu!«, heulte der Kürbis.
Emilia lachte. »Bist du das, Jasper?«
»Wie hast du mich erkannt?«, fragte Jasper und nahm den Kürbiskopf ab.
Emilia kicherte. »Du läufst doch schon seit Tagen mit dem Kürbis herum.«
»Stimmt«, sagte Jasper. »Noch dreimal schlafen, dann ist Halloween! Da mach ich eine Party. Kommst du auch?«
»Klar«, sagte Emilia.
Jasper drückte ihr eine Einladungskarte in die Hand und rannte weiter.
»Was steht denn auf der Karte?«, fragte Emilia.
Oma las vor: »*Gruselalarm! Gespenster, Hexen und Kürbisse: Kommt alle und feiert mit mir. Uaaah!*« Oma sah Emilia fragend an. »Und? Als was willst du gehen?«
»Als Primaballerina!«, sagte Emilia sofort.
Oma runzelte die Stirn. »Das ist aber keine gruselige Verkleidung.«
»Na und?«, sagte Emilia. »Bitte, Oma, nähst du mir ein Kostüm?«

Oma seufzte. Aber als Emilia noch mal extralieb »Bitte, bitte« sagte, lächelte sie. »Ja, ich näh dir ein Kostüm!«
»Hurra!«, jubelte Emilia.
Das Kostüm wurde wunderschön. Es war strahlend weiß, hatte ein eng anliegendes Oberteil und einen kurzen Rock mit lauter Federn. Emilia schlüpfte hinein und drehte eine Pirouette vor dem Spiegel.
»Toll siehst du aus!«, sagte Oma und sah auf die Uhr. »Dann nichts wie los.«
Emilia konnte es kaum erwarten. Zum Glück wohnte Jasper nur zwei Häuser weiter. Aufgeregt drückte Emilia auf die Klingel.
Jasper machte auf. »Huhuuu!«, heulte er hinter seinem Kürbiskopf. Dann fing er plötzlich an zu lachen. »Wie siehst du denn aus?«
»Wie eine Primaballerina natürlich«, sagte Emilia und drehte sich vor Jasper. Der prustete los. »Kommt mal alle her!«, rief er. »Das müsst ihr sehen!«
In der Tür tauchten lauter kleine Gespenster, Hexen, Skelette und Vampire auf. Sie zeigten mit spitzen Fingern auf Emilia und riefen: »Hihihi!« – »Du siehst ja zum Fürchten aus, Emilia!« – »Ich mach mir gleich in die Hose!«
Emilia verzog das Gesicht. »Ihr seid doof!« Sie quetschte sich an den Kindern vorbei und stolzierte mit hoch erhobenem Kopf ins Wohnzimmer.

Dort hingen überall Plastikspinnen von der Decke und auf den Fensterbrettern lagen Ratten aus Schaumgummi.

Jasper stürmte mit den anderen herein. »Huaaah!«, rief er. »Wer spielt mit mir Dracula?«

»Ich!« – »Ich!« – »Ich!«, brüllten alle.

Emilia machte auch mit, aber jedes Mal, wenn sie jemanden beißen wollte, kicherte der bloß. »Hihihi! Da kommt die gefährliche Primaballerina!«

Irgendwann wurde es Emilia zu bunt. Wenn die anderen nicht mit ihr spielen wollten, spielte sie eben alleine! Wütend rannte sie hinaus in den dunklen Garten. Der Mond sah aus wie eine blasse Sichel. Emilia stieg auf eine schmale Mauer und tänzelte auf Zehenspitzen hin und her.

Plötzlich hörte sie laute Schreie: »Hilfe!« – »Ein Gespenst!« – »Ein echtes!« – »Bitte, tu mir nichts, Gespenst!«

Erst jetzt merkte Emilia, dass die Kinder in der Haustür standen und zitternd auf sie zeigten. Sofort fing Emilia an, schaurig zu heulen: »Huhuuu! Ich kriege euch!«

Zwei Mädchen rannten schreiend ins Haus zurück. Die anderen blieben bibbernd stehen. Da musste Emilia lachen, hüpfte von der Mauer und rief: »Reingefallen, reingefallen!«

Jasper stammelte: »S...super K...Kostüm! Echt cool, Emilia. Magst du ein Stück Gespenstertorte?«

»Au ja!«, rief Emilia und tanzte ins Haus hinein.

Raffaels Geheimnis

Heute waren Mama und Papa irgendwie komisch. Beim Abendessen zwinkerten sie sich dauernd zu und tuschelten miteinander.
»Was ist denn los?«, fragte Raffael.
»Habt ihr Geheimnisse vor uns?«, fragte seine Schwester Viktoria.
»Ja«, sagte Mama. »Aber genauer gesagt ist es eine Überraschung. Jetzt können wir sie verraten, oder?«
Papa nickte. Plötzlich sah er richtig feierlich aus. »Viktoria, wir haben dich heute bei der Ballettschule angemeldet. Und dich, Raffael, beim Fußballverein.«
»Ich darf zum Ballettunterricht?«, rief Viktoria. »Juhuuu!« Sie machte einen Luftsprung und fiel Papa und Mama um den Hals. »Wann ist die erste Stunde? Morgen?«

Mama lachte. »Übermorgen geht es los. Da beginnt der neue Anfängerkurs.«

»Übermorgen geh ich ins Ballett. Übermorgen geh ich ins Ballett!«, sang Viktoria vor sich hin und tanzte dabei um den Esstisch herum.

Als Viktoria bei Raffael vorbeikam, musste sie ihn auch kurz drücken, sonst wäre sie vor lauter Glück geplatzt. »Hast du gehört? Ich darf zum Ballett!«

Raffael grinste. »Ja, ja, ich hab's gehört! Du bist laut genug.«

Plötzlich fragte Mama: »Und was ist mit dir, Raffael? Freust du dich auch?«

»Klar«, sagte Raffael schnell. »Zwei Freunde von mir sind auch schon im Fußballverein.«

Papa klopfte ihm auf die Schulter. »Du wirst ein ganz toller Fußballer! Ich hab früher auch wie ein Weltmeister gekickt.«

»Ich weiß«, sagte Raffael und beugte sich über sein Wurstbrot. Er stopfte sich zwei Bissen in den Mund und sah Viktoria beim Tanzen zu.

Am liebsten wäre er sofort aufgesprungen und hätte mit seiner Schwester Pirouetten gedreht, aber da hätte Papa ihn bestimmt ausgelacht.

Beim ersten Fußballtraining stand Papa am Rand und feuerte Raffael an. Da musste Raffael sich natürlich auf den Boden werfen und grölen und toben. Hinterher holten sie Viktoria vom Ballett ab. Raffael flitzte kurz in den Ballettsaal und drehte sich vor dem großen Spiegel. Papa sah das zum Glück nicht, er redete mit der Ballettlehrerin in ihrem Büro.

Zu Hause schlüpfte Raffael in Viktorias Zimmer und fragte: »Zeigst du mir, was ihr heute gelernt habt?«

»Natürlich«, sagte Viktoria. »Erst haben wir uns aufgewärmt.« Viktoria dehnte ihre Arme und Beine.

Raffael machte gleich mit. Danach ging er mit seiner Schwester kerzengerade durch den Raum und übte mit ihr die ersten zwei Grundpositionen.

»Du lernst aber schnell«, sagte Viktoria. »Komm, lass uns noch eine Arabeske machen.«

»Au ja!«, rief Raffael. Er sah genau hin, wie Viktoria auf einem Bein balancierte und das andere Bein nach hinten streckte. Sie wackelte ziemlich dabei und musste kichern. Raffael wackelte kein bisschen. Stolz hielt er das Gleichgewicht und streckte die Arme elegant zur Seite.

Da stand plötzlich Papa im Zimmer. »Was macht ihr denn hier?«, fragte er verblüfft.

Sofort löste Raffael die Arabesque auf und wurde knallrot. »Ich ... äh ... wir haben nur Quatsch gemacht!«, stammelte er.

Papa schüttelte ungläubig den Kopf. »Das hat toll ausgesehen, Raffael! Kannst du das noch mal machen?«

Raffael nickte. Wieder hielt er perfekt das Gleichgewicht und Papa klatschte begeistert.

Raffael wurde schon wieder rot. »Du, Papa«, fragte er leise, »kann ich mit Viktoria zum Ballett gehen statt zum Fußballtraining?«

»Ja, klar, warum nicht?«, sagte Papa.

»Juhuuu!«, jubelte Raffael und fiel Papa um den Hals.

Der König und seine drei Töchter

Es war einmal ein König, der lebte in einem Schloss mit einem riesigen Garten. Der König hatte drei wunderschöne Töchter. Die älteste Prinzessin hieß Clementine. Die zweitälteste Prinzessin hieß Sharon. Und die jüngste hieß Mirabelle. Eine von ihnen sollte später den Thron besteigen. Je älter der König wurde, umso öfter dachte er darüber nach, welche seiner Töchter wohl die Richtige sein könnte.

Eines Tages rief er sie zu sich in den Thronsaal. Als Clementine, Sharon und Mirabelle vor ihm standen, sah er sie ernst an und fragte: »Habt ihr mich lieb?«

»Jaaa!«, riefen die Prinzessinnen.

Der König lächelte. »Das freut mich. Ich möchte aber sehen, *wie* lieb ihr mich habt. Überlegt es euch gut. Ihr habt drei Tage Zeit. Wenn ihr es wisst, kommt zu mir und beweist es mir mit einem Geschenk.«

Die Töchter rannten davon und schlossen sich in ihren Zimmern ein. Dort dachten sie fieberhaft darüber nach, was sie ihrem Vater schenken könnten. Clementine war am schnellsten. Noch am selben Abend ging sie zu ihrem Vater und brachte ihm eine große Schatulle. »Das ist mein Geschenk für dich«, sagte sie.

»So lieb hab ich dich, Papa.«

Neugierig machte der König die Schatulle auf. Auf rotem Samt lag ein silberner Apfel. Der glitzerte und funkelte noch strahlender als der hellste Stern am Himmel.

Dem König stiegen Tränen in die Augen. »Danke für dein wunderschönes Geschenk, Clementine. Jetzt weiß ich, wie lieb du mich hast.«

Clementine machte einen Knicks vor dem König und lief singend davon.

Sharon grübelte den ganzen Tag und die ganze Nacht. Am nächsten Morgen ging sie zu ihrem Vater und brachte ihm eine chinesische Vase. Darin steckte der vergoldete Zweig eines Kirschbaums. »Das ist mein Geschenk für dich«, sagte Sharon. »So lieb hab ich dich, Papa.«

Dem König stiegen wieder Tränen in die Augen. »Danke für dein wunderschönes Geschenk, Sharon. Jetzt weiß ich, wie lieb du mich hast.«

Sharon machte einen Knicks vor dem König und lief singend davon.

Mirabelle grübelte zwei Tage und zwei Nächte. Am dritten Tag ging sie mit leeren Händen zu ihrem Vater.

Zornig sprang der König von seinem Thron auf. »Was? Du hast kein Geschenk für mich? Warum bist du dann überhaupt gekommen? Geh sofort auf dein Zimmer!«

»Warte, Vater!«, sagte Mirabelle leise. »Du hast doch noch gar nicht gesehen, was ich dir mitgebracht habe. Ich werde es dir gleich zeigen. Danach kannst du mich wegschicken.«

Der König war immer noch wütend, aber er war auch neugierig, also setzte er sich wieder auf seinen Thron.

Mirabelle machte ein Fenster zum Obstgarten auf. Die Vögel zwitscherten

und sangen
ein Lied von Sonne,
Wind und Regen. Mirabelle
schloss die Augen. Dann breitete
sie die Arme aus, legte den Kopf in den
Nacken und fing an zu tanzen. Wie ein Kolibri flog sie durch den Thronsaal, hüpfte und drehte sich, schwebte hin und her und her und hin. Am Ende verbeugte sie sich tief vor ihrem Vater und flüsterte: »Das ist mein Geschenk für dich. So lieb hab ich dich, Papa.«
Der König weinte heiße Tränen. Er sprang auf und fiel Mirabelle um den Hals. »Bitte verzeih mir! Ich habe dir großes Unrecht getan. Jetzt weiß ich, wie lieb du mich hast. Und deshalb möchte ich, dass du eines Tages meinen Thron besteigst.«
Da musste Mirabelle auch weinen. »Das verspreche ich dir. Aber du sollst noch ganz, ganz lange leben, Papa!«

Ballettstunde mit Petruschka

Leonie übte mit den anderen Kindern an der Stange. Heute lernten die Ballettschüler die fünf Grundpositionen. Die sahen einfach aus, waren es aber überhaupt nicht. Besonders die fünfte Position mit den gekreuzten Beinen hatte es in sich.

»Du musst deine Beine ganz durchstrecken, Leonie«, sagte Frau Rosenbaum, die Ballettlehrerin.

»Mach ich doch!«, stöhnte Leonie.

Frau Rosenbaum lächelte. »Ich glaube, das kannst du noch ein bisschen besser.«

»Wie denn?«, fragte Leonie und sah verzweifelt zu ihren Mitschülern hinüber. Die hatten auch schon Schweißperlen auf der Stirn.

»Ja, wie soll das gehen?«, fragte Sarah. – »Ich kann das einfach nicht!«, rief Pia. »Ich auch nicht!«, kam es auf einmal von allen Seiten.

Frau Rosenbaum seufzte. Doch dann hatte sie plötzlich eine Idee. »Wartet kurz! Ich hab was für euch«, sagte sie und verschwand.

Kurz darauf kam sie mit einer lebensgroßen Puppe wieder. Die Puppe hatte eine knallrote Mütze auf, gelb umrandete Augen und trug ein gelbes Kostüm.

Leonie kicherte. »Ist das ein Clown?«

Frau Rosenbaum wackelte mit dem Kopf der Puppe. »Nein!«, sagte sie mit verstellter, tiefer Stimme. »Ich bin Petruschka, der Kasperl, und komme aus Russland. Dort ist es sähr, sähr kalt!«

Jetzt mussten alle Kinder lachen.

»Lacht nicht, seht mir lieber zu!«, sagte Petruschka streng. Der Kasperl wirbelte mit den Beinen in der Luft herum. »Verflixt, wie geht denn jetzt wieder diese fünfte Grundposition?«, murmelte er. »Ha, ich weiß es!« Er verknotete seine Arme und Beine, rief: »Hoppla!« und stolperte. Wieder lachten alle.

Leonie konnte nicht länger zusehen.

»Warte!«, sagte sie zu Petruschka. »Ich helfe dir.« Sie ging zum Kasperl, half ihm auf die Beine und führte ihn zur Stange hinüber. Dort stellte sie ihn so hin, dass seine Beine ordentlich gekreuzt waren.

Petruschka lüftete seine rote Mütze und verbeugte sich vor ihr. »Danke, Leonie! Ohne dich hätte ich das nie geschafft. Ist es jetzt richtig so?« Er knickte mit dem rechten Bein ein.

»Fast«, sagte Pia. »Du musst nur noch das rechte Bein besser durchstrecken.«

»Ist es jetzt richtig so?«, fragte Petruschka und knickte mit dem linken Bein ein.

Sarah schüttelte den Kopf. »Nein! Das linke Bein musst du auch durchstrecken.«

»Alles klar.« Plötzlich hüpfte Petruschka in die Höhe und kreischte: »Linkes Bein, rechtes Bein, trallallalla, das ist fein! Linkes Bein, rechtes Bein, mehr braucht's nicht zum Glücklichsein!«

Leonie prustete los. So einen verrückten Kasperl hatte sie noch nie gesehen.

»Jetzt sei aber endlich mal brav, Petruschka!«, mischte sich Frau Rosenbaum ein. »Was sollen denn die Kinder von dir denken?«

»Oh, Entschuldigung!«, sagte Petruschka. »Ich bin jetzt sähr, sähr ernst!«

Er verzog keine Miene, während Frau Rosenbaum seine Beine wieder in die fünfte Grundposition brachte. Dann warf er der Lehrerin eine Kusshand zu.

»Und das soll alles sein? Ist doch kinderleicht! Kommt, Kinder, das könnt ihr auch.«

Kichernd stellten sich alle vor Petruschka hin. Leonie zwinkerte dem Kasperl zu, kreuzte ihre Beine und richtete sich kerzengerade auf.

»Ja, Leonie!«, sagte Frau Rosenbaum. »So ist es perfekt.«

Und Petruschka klatschte begeistert. »Bravo, Leonie, bravo!«

Jaromirs Zaubertanz

Vor dem Fenster des alten Zauberschlosses tanzten Schneeflocken. Sehnsüchtig sah Jaromir hinaus und fragte seinen Privatlehrer Kilian: »Darf ich rausgehen und Schlittschuh laufen?«
»Auf gar keinen Fall!«, sagte Kilian streng. »Du musst noch die Zauberkünste deiner Vorfahren lernen. In einer Woche ist die Zauberprüfung, vergiss das nicht!«
Jaromir seufzte. Wie könnte er diesen Tag vergessen? Seit Wochen wurde ihm schlecht, wenn er bloß daran dachte. Papa redete auch schon die ganze Zeit davon.
»Also, für welche Zauberkünste waren deine drei wichtigsten Vorfahren berühmt?«, fragte Kilian.
Jaromir zählte auf: »Onkel Zacharias konnte mit der Kraft seiner Gedanken Feuer machen. Urgroßvater Olek ließ Dinge durch den Raum schweben. Und Großtante Ariane konnte das Schloss mit ihrem Zauberstab von Staubwolken befreien.«
Kilian nickte. »Ganz genau. Dann üben wir jetzt gleich noch mal diese Zauberkünste.«

Drei Stunden lang ließ Kilian Jaromir immer wieder vorzaubern, bis er endlich zufrieden war.

Danach war Jaromir völlig fertig und zog sich in den roten Salon zurück. Traurig blieb er vor den Gemälden seiner Vorfahren stehen und murmelte: »Ich will gar nicht berühmt sein. Warum kann ich nicht ein ganz einfacher Zauberer sein?«

Onkel Zacharias, Urgroßvater Olek und Großtante Ariane antworteten nicht. Zacharias und Olek starrten ihn streng an. Nur Großtante Ariane in ihrem violetten Ballkleid schien ihm liebevoll zuzuzwinkern.

Die Tage vergingen und Jaromir wurde immer unruhiger. Am Tag der Prüfung warteten Papa, Kilian und die Prüfer Fortunato, Darian und Celestina im roten Salon auf ihn. Jaromir wäre am liebsten auf und davon gerannt, aber seine Füße waren schwer wie Blei.

»Dann zeig uns doch mal, ob du Feuer zaubern kannst«, sagte Fortunato. Jaromir machte die Augen zu und streckte zitternd seine Arme aus. Er stellte sich vor, dass aus seinen Fingerspitzen heiße Flammen kamen. Beim dritten Mal gelang es ihm. Im Kamin prasselte ein großes Feuer.

»Sehr gut«, sagte Celestina. »Jetzt decke bitte den Tisch wie Urgroßvater Olek.«

Jaromir ließ mit seinem Zauberstab Becher und Teller durch den Raum schweben und sanft auf dem Tisch landen. Das klappte sofort.

Darian nickte zufrieden. »Danke, Jaromir. Und nun zaubere das Schloss blitzsauber.«

Jaromir strengte sich noch mal richtig an, doch plötzlich fiel ihm Arianes Zauberspruch nicht mehr ein. Er war einfach weg! Jaromirs Knie fingen

an zu zittern. Er konnte nicht einfach so herumstehen, er musste irgendwas tun! Da fiel ihm plötzlich ein, dass Großtante Ariane immer gern getanzt hatte. Vielleicht konnte er ja mit einem Zaubertanz die Staubwolken vertreiben? Spielerisch jagte Jaromir mit seinem Zauberstab hinter den Staubwolken her. Plötzlich hörte er über sich eine Frau lachen. Es war Großtante Ariane! Sie kletterte aus ihrem Gemälde herunter und lief auf Jaromir zu. »Endlich ist mal was los in diesem alten Schloss! Ich musste als Kind auch für diese blöde Zauberprüfung büffeln. Nie durfte ich spielen und Spaß haben, aber damit ist jetzt Schluss! Kommt, Zacharias und Olek, macht auch mit!«
Die Vorfahren hüpften aus ihren Gemälden und tanzten mit Jaromir durch den roten Salon.
Plötzlich standen Fortunato, Darian und Celestina auf und riefen:
»Bravo, Jaromir! Du hast die Prüfung bestanden.«
Papa klopfte Jaromir auf die Schulter und sagte: »Das war der tollste Zaubertrick, den ich je gesehen habe. Verrätst du mir, wie er funktioniert?«
Jaromir grinste. »Vielleicht. Wenn du mittanzt und danach mit mir Schlittschuh läufst.«
»Ich bin dabei!«, sagte Papa und lachte.

Die Zuckerfee

Constanze und Vanessa lagen zu Hause bei Constanze auf dem Bett und sahen sich ein Fotoalbum an.

»Deine Mutter ist wunderschön!«, seufzte Vanessa. »Und das rosa Kleid ist ein Traum.«

Constanze nickte stolz. »Das Kleid trägt Mama immer, wenn sie die Zuckerfee im *Nussknacker* tanzt. Bei der Premiere war ich natürlich dabei.«

Vanessa seufzte wieder. »Ich wünschte, meine Mutter wäre auch Balletttänzerin! Meinst du, ich darf mal zugucken?«

»Klar«, sagte Constanze. »Mama hat es mir fest versprochen. Nächste Woche wird wieder der *Nussknacker* gespielt. Da wollte Mama zwei Freikarten besorgen, für dich und für mich.«

»Echt?«, rief Vanessa. »Das wär supersupertoll!«

Constanze klappte das Album zu. »Zu zweit macht es bestimmt noch mehr Spaß zuzusehen. Du, soll ich dir mal den Haarschmuck zeigen, den Mama als Zuckerfee trägt?«

»Au ja!«, rief Vanessa.

Constanze legte den Zeigefinger an den Mund. »Wir müssen aber leise sein. Mama kann jeden Moment von der Probe nach Hause kommen, und sie mag es nicht, wenn ich in ihren Sachen krame.«

»Alles klar«, flüsterte Vanessa.

Die Freundinnen schlichen auf Zehenspitzen ins Schlafzimmer von Constanzes Eltern. Auf der Kommode lag eine Schatulle aus Holz. Constanze nahm sie vorsichtig in die Hände und trug sie in ihr Zimmer. Auf dem Bett klappte sie die Schatulle auf. Innen waren viele kleine Fächer. In jedem Fach

lagen Dinge, die Constanzes Mutter beim Tanzen brauchte: Haarschmuck, Kamm, Bürste und Schminke. Constanze holte aus einem Fach ein rosafarbenes Haarband heraus, das mit lauter kleinen Bonbons und Zuckerstangen verziert war.
»Ist das süß!«, rief Vanessa. »Darf ich es mal anprobieren?« Constanze zögerte kurz. »Hm ... warum nicht?«
Vanessa löste ihren Pferdeschwanz und band sich mit dem rosafarbenen Haarband einen kleinen Dutt auf dem Hinterkopf. »Und, wie seh ich aus damit?«, fragte sie neugierig.
Constanze hielt ihr einen Spiegel hin. »Toll! Jetzt brauchst du nur noch die passenden Haarnadeln dazu, dann bist du die Zuckerfee.«
Kichernd beugten die Freundinnen sich über die Schatulle und fanden immer mehr Schätze darin. Bald hatten sich beide in wunderschöne Primaballerinen verwandelt und tanzten durchs Zimmer.
Plötzlich ging die Tür auf. »Was macht ihr denn da?«, rief Constanzes Mutter. »Ich glaub's nicht! Ihr habt in meinen Sachen gewühlt!«
»Entschuldige, Mama!«, sagte Constanze zerknirscht.
»Ich bin schuld«, sagte Vanessa. »Ich hab Constanze gefragt, ob ich das Zuckerfee-Haarband anprobieren darf.«

Constanzes Mutter stöhnte. »Jetzt habt ihr alles durcheinandergebracht.«
»Bitte sei nicht böse, Mama!«, sagte Constanze. »Wir räumen alles wieder ein. Aber erst wollen wir mit dir tanzen. Komm!«
Vanessa und Constanze nahmen die Mutter in die Mitte und drehten sich mit ihr im Kreis. Erst wehrte sie sich mit Händen und Füßen, aber irgendwann musste sie lachen. »Hört auf, hört auf! Ist ja schon gut. Ich bin nicht mehr böse.«
»Hurra!«, riefen Constanze und Vanessa.
Dann zog Constanze ihre Mutter am Arm. »Du, Mama, hast du zufällig was für uns dabei?«
»Rein zufällig hab ich tatsächlich was dabei«, sagte Constanzes Mutter und zog lächelnd zwei Freikarten aus ihrer Tasche. »Verdient habt ihr es eigentlich nicht, aber ihr sitzt auf den Ehrenplätzen in der ersten Reihe. Und ihr dürft mir nach der Vorstellung einen Blumenstrauß überreichen.«
»Jaaaa!«, jubelten Constanze und Vanessa.

Brüllbaby Susi

Alles hätte so schön sein können. Bald durfte Stella zum ersten Mal nach Mallorca fliegen. Bald würde sie zum ersten Mal das Meer sehen, Sandburgen bauen und im Ferienclub jeden Tag Eis essen, so viel sie wollte. Sogar Ballettstunden gab es dort und die würde Stella natürlich auf gar keinen Fall verpassen. Ja, alles hätte so schön sein können, wenn nur Brüllbaby Susi nicht gewesen wäre.
»Kann Susi nicht zu Hause bei der Tagesmutter bleiben?«, fragte Stella beim Abendessen.
Papa, der gerade Stellas kleine Schwester fütterte, schüttelte den Kopf.
»Nein, Susi kommt natürlich mit. Sie freut sich schon riesig aufs Meer, stimmt's, Susi?«
»Uuuäääh!«, brüllte Susi und spuckte ihren Obstbrei wieder aus.
Mama wischte ihr lachend den Mund ab. Dann sagte sie zu Stella: »Das wird bestimmt ganz toll, du wirst sehen.«
»Klar«, sagte Stella und duckte sich, weil Susi die nächste Ladung Obstbrei in ihre Richtung spuckte.
Eine Woche später fuhr Stella mit Mama, Papa und Susi zum Flughafen. Susi saß neben Stella im Kindersitz.
Am Anfang quäkte sie noch leise vor sich hin, aber je länger die Autofahrt dauerte, umso lauter wurde sie. Bald brüllte sie pausenlos.

Stella versuchte, Susi den Schnuller in den Mund zu stecken. Sie hielt sich die Ohren zu. Sie setzte sich Kopfhörer auf und drehte ihre Lieblingsmusik aus dem Ballettunterricht extralaut auf. Es half alles nichts. Susi spuckte den Schnuller immer wieder aus und brüllte: »Uuuäääh!«
Da drehte Papa sich zu Susi um und sagte: »Armes Mäuschen! Ja, ich weiß, Autofahren ist langweilig, aber wir sind gleich da.«
Papas armes Mäuschen fand den Flughafen leider auch langweilig. Sie brüllte auf dem Rollband, sie brüllte in der Schlange beim Kofferaufgeben, bei der Sicherheitskontrolle und im Warteraum vor dem Abflug-Gate. Stella wäre am liebsten im Boden versunken. Merkten Mama und Papa denn nicht, dass schon alle Leute zu ihnen herüberstarrten? Anscheinend nicht. Papa las sogar seelenruhig Zeitung und Mama schaukelte Brüllbaby Susi auf ihrem Schoß. Jetzt sah sie aber auch ein bisschen genervt aus.
»Wann dürfen wir denn endlich ins Flugzeug?«, fragte Stella.
»Gleich«, sagte Mama. Dann sah sie sich suchend um. »Ich glaube, ich muss noch mal schnell aufs Klo. Stella, bist du so lieb und passt kurz auf Susi auf?«
Bevor Stella sich wehren konnte, drückte Mama ihr einfach Susi in die Arme und verschwand um die Ecke.
»Uuuäääh!«, brüllte Susi.
Stella stöhnte. »Jetzt sei doch mal still!«, sagte sie zu Susi, während sie ihre kleine Schwester hin und her trug.

Susi hörte kurz auf zu brüllen, sah Stella mit ihren großen blauen Kulleraugen an und brüllte dann sofort wieder weiter.
Stella wusste nicht mehr, was sie tun sollte. Da fiel ihr plötzlich die Musik aus dem Ballettunterricht ein, die sie im Auto gehört hatte. Die Melodie kannte sie inzwischen in- und auswendig. Stella fing an zu singen. Sofort kribbelte es in ihren Beinen. Automatisch tanzte sie die Schritte zur Musik, die ihr die Ballettlehrerin beigebracht hatte. Stella sang und tanzte und wiegte Susi im Takt dazu. Und auf einmal geschah ein Wunder: Susi hörte auf zu schreien und gluckste. Dann strahlte sie über das ganze Gesicht.
»Wie hast du das denn geschafft?«, fragte Mama, als sie zurückkam.
Stella lachte. »Ich glaube, Susi mag Ballett. Stimmt's, Susi?«
Ihre kleine Schwester krähte begeistert und Stella tanzte mit Susi auf Papa zu.

Timo tanzt aus der Reihe

Eigentlich ging Timo gern ins Ballett, nur das Aufwärmen an der Stange fand er total langweilig. »Können wir heute nicht gleich tanzen?«, fragte er die Ballettlehrerin.
Frau Herold schüttelte den Kopf. »Nein, das geht nicht. Erst müssen eure Muskeln schön locker sein, sonst verletzt ihr euch.« Sie beugte sich über eine Zeitschrift und gähnte verstohlen.
»Manno!«, murmelte Timo.
Frau Herold sah ihn kurz über den Rand ihrer Brille hinweg an. Dann las sie gleich weiter und gähnte schon wieder. Diesmal hielt sie sich nicht mal die Hand vor den Mund.
Timo grummelte. Das war ungerecht! Die Lehrerin durfte lesen und alle anderen mussten schuften. Missmutig legte er wieder die Hände auf die Stange, beugte die Knie, drückte sie nach außen und machte ein Plié.
»Und jetzt ein Relevé«, sagte Frau Herold, blätterte eine Seite um und gähnte zum dritten Mal.

Da wurde es Timo zu bunt. Wenn Frau Herold schon keine Lust hatte, hatte er erst recht keine. Statt wie die anderen aus der ersten Position langsam auf die halbe Spitze zu gehen, flüsterte er Steffi zu: »Pst! Ich hab eine Idee.«
»Was denn für eine?«, flüsterte Steffi zurück.
Timo schielte erst zur Ballettlehrerin hinüber, aber die war nach wie vor völlig in ihre Zeitschrift vertieft. »Hast du Lust, Frau Herold einen Streich zu spielen?«, fragte er.
Steffi zögerte. »Ich weiß nicht ...« Doch plötzlich blitzten ihre blauen Augen auf. »Warum nicht? Heute ist es wirklich total langweilig.«
Timo grinste. »Sag ich doch! Also hör mir gut zu.«
Er flüsterte Steffi seine Idee ins Ohr.
Steffi lauschte neugierig und kicherte. »Ja, das ist gut!«
»Die anderen müssen aber auch mitmachen«, sagte Timo. »Sonst klappt es nicht.«
Schnell gab Steffi Timos Idee weiter. Mit der stillen Post wanderte sie von einem zum anderen. Alle waren sofort begeistert.
»Auf mein Zeichen!«, flüsterte Timo, und schon ging es los.
Marie, die gleich neben der Tür stand, schlich auf Zehenspitzen aus dem Ballettsaal. Steffi folgte ihr. Dann verdrückten sich Hanna, Alex und Paul. Timos Herz klopfte schneller. Immer wieder sah er zu Frau Herold hinüber, aber die bekam nichts mit. Kein Wunder, sie gähnte ja auch alle naselang. Zwei Mädchen waren noch vor Timo, dann verließ er als Letzter den Ballettsaal. Im Umkleideraum versammelten sich alle und kicherten.

»Tolle Idee von dir!«, sagte Marie.
»Und sie hat wirklich nichts gemerkt?«, fragte Hanna.
Timo grinste. »Bis jetzt noch nicht. Bin gespannt, wie lange sie braucht.«
Zehn Minuten warteten die Kinder im Umkleideraum und fragten sich schon, ob Frau Herold vielleicht eingeschlafen war. Da tauchte sie plötzlich auf. »Ach, hier seid ihr!«, rief sie. »Ich hab euch schon gesucht. Es war auf einmal so still im Ballettsaal.«
»Wir wollten Sie nicht beim Lesen stören«, sagte Timo.
»Und außerdem hat das Aufwärmen heute doppelt so lange gedauert wie sonst.«
Frau Herold wurde rot. »Oh ... entschuldigt bitte! Ich war gestern auf einem Opernball und hab kaum geschlafen.« Frau Herold strich sich die Haare aus der Stirn und musste lachen. »Los, kommt! Jetzt wollen wir ein Spiel machen. Ihr dürft Tiere nachahmen und tanzen, wie ihr wollt.«
Sofort sprang Timo auf und kratzte sich an der Brust. »Huhuhu! Ich bin ein Affe.« Dann hüpfte er an den lachenden Kindern vorbei hinüber in den Ballettsaal.

Amelie und die Elfe

An Amelies Geburtstag dachte Papa sich immer was ganz Besonderes aus.
Amelie durfte alle ihre Freunde einladen und Papa bereitete eine Überraschung für die Gäste vor.
Diesmal kam er mit Taschenlampen ins Wohnzimmer und fragte: »Seid ihr bereit? Zieht eure Jacken und Mützen an. Wir machen eine Schnitzeljagd im Wald.«
»Hurra!«, riefen alle.
Amelie freute sich riesig. Eine Schnitzeljagd hatte sie sich schon immer gewünscht. Lachend rannte sie mit Papa und ihren Freunden die Spielstraße hinunter. Von dort führte ein Weg in den Wald und da lagen auch schon die ersten Schnitzel aus Zeitungspapier auf dem Boden.
»Mir nach!«, rief Amelie und leuchtete mit ihrer Taschenlampe.
Nach zehn Minuten kamen die Kinder zu einer Kreuzung. Ein Weg führte nach rechts, der andere nach links und der dritte geradeaus. Auf allen drei Wegen lagen Papierschnitzel.
»Was machen wir denn jetzt?«, fragte Amelie. »Welcher Weg ist der richtige?«
»Geradeaus!«, riefen die einen. »Das ist der breiteste Weg.«
»Nein, links!«, riefen die anderen. »Da geht es zum Spielplatz.«
Amelie seufzte. Irgendwie hatte sie das Gefühl, dass der rechte Weg zum Schatz führte, obwohl er sehr schmal war und sich in den Büschen verlor.
»Geht ihr geradeaus und links. Ich nehme den rechten Weg«, sagte Amelie.
»Alles klar!«, riefen ihre Freunde.

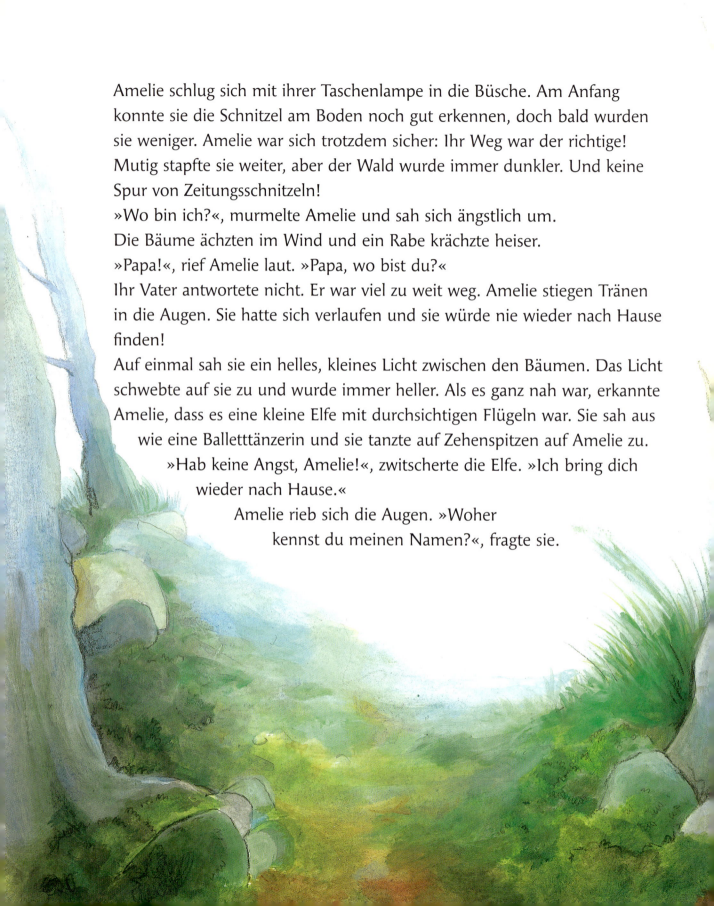

Amelie schlug sich mit ihrer Taschenlampe in die Büsche. Am Anfang konnte sie die Schnitzel am Boden noch gut erkennen, doch bald wurden sie weniger. Amelie war sich trotzdem sicher: Ihr Weg war der richtige! Mutig stapfte sie weiter, aber der Wald wurde immer dunkler. Und keine Spur von Zeitungsschnitzeln!

»Wo bin ich?«, murmelte Amelie und sah sich ängstlich um.

Die Bäume ächzten im Wind und ein Rabe krächzte heiser.

»Papa!«, rief Amelie laut. »Papa, wo bist du?«

Ihr Vater antwortete nicht. Er war viel zu weit weg. Amelie stiegen Tränen in die Augen. Sie hatte sich verlaufen und sie würde nie wieder nach Hause finden!

Auf einmal sah sie ein helles, kleines Licht zwischen den Bäumen. Das Licht schwebte auf sie zu und wurde immer heller. Als es ganz nah war, erkannte Amelie, dass es eine kleine Elfe mit durchsichtigen Flügeln war. Sie sah aus wie eine Balletttänzerin und sie tanzte auf Zehenspitzen auf Amelie zu.

»Hab keine Angst, Amelie!«, zwitscherte die Elfe. »Ich bring dich wieder nach Hause.«

Amelie rieb sich die Augen. »Woher kennst du meinen Namen?«, fragte sie.

Die Elfe lachte. Ihr Lachen klang wie ein silbernes Glöckchen. »Ich kenne dich schon lange, seit du geboren bist. Vertrau mir!« Sie streckte die Hand aus und streute Glitzerstaub auf Amelies Haare.
Der Glitzerstaub umhüllte Amelie wie eine warme Decke. Amelie stand auf und folgte der Elfe. Die Elfe tanzte vor ihr her durch den Wald. Sie lachte und drehte immer wieder kleine Pirouetten in der Luft. Bald wurde der Wald heller und schon nach zehn Minuten standen sie wieder an der großen Kreuzung. Dort warteten Papa und Amelies Freunde. Noch nie war Amelie so froh gewesen, sie zu sehen.
»Da bist du ja endlich!«, rief Papa. »Deine Freunde haben den Schatz gefunden.«
Amelie lächelte. »Ich hab auch was ganz Tolles gefunden.« Sie drehte sich um, doch die Elfe war plötzlich spurlos verschwunden.
»Was hast du gefunden?«, fragte Papa.
Jetzt wollte Amelie ihr Geheimnis doch nicht verraten. Langsam schüttelte sie den Kopf. Glitzerstaub schwebte durch die Luft. Amelie hob die Arme und tanzte auf Zehenspitzen zum Schatz hinüber.

Vorhang auf für Iris

Keine konnte so gut tanzen wie Michaela, das fanden alle in der Ballettschule. Oft stand Iris am Rand des Ballettsaals und bewunderte Michaela bei ihren Sprüngen und Pirouetten. Wie leicht Michaela durch den Raum schwebte, wie ein bunter Schmetterling!

Eines Tages nach dem Training versammelte Frau Sandner ihre Ballettschüler und sagte: »Unsere Schule wird fünfzig Jahre alt. Das wollen wir feiern. Jede Ballettgruppe darf ein kleines Stück aufführen. Für euch habe ich mir eine Nixengeschichte ausgedacht. Darin geht es um eine kleine Nixe, die einen Freund sucht und ...«

Weiter kam sie nicht, weil alle durcheinanderredeten: »Eine Nixengeschichte, toll!« – »Wir werden vortanzen, zum ersten Mal!« – »Alle werden klatschen und uns bewundern.«

»Seid doch mal leise, Kinder!«, rief Frau Sandner. »Schön, dass ihr euch so freut. Natürlich werden alle eine Rolle bekommen, aber nur eine von euch kann die Nixe spielen. Wer von euch hätte denn Lust?«

Sofort schnippte Michaela mit den Fingern. »Ich will die Nixe tanzen!«

»Ich auch!«, riefen zwei andere Mädchen.

Iris hatte sich eigentlich auch melden wollen, aber dann traute sie sich doch nicht. Michaela würde eine wunderbare Nixe sein.

»Gut«, sagte Frau Sandner. »Ihr tanzt alle drei vor und wir entscheiden gemeinsam, wer die Hauptrolle bekommt.«

Die Entscheidung war leicht. Michaela tanzte am besten von allen. Die anderen Rollen waren auch schnell verteilt.

Leopold durfte den Delfin spielen, mit dem sich die Nixe anfreundete. Und Iris war einer von vielen Fischen, die die Nixe auf ihrer Reise durchs Meer begleiteten.

Schon am nächsten Tag begannen die Proben. Iris hatte nicht viel zu tun. Meistens musste sie nur mit den anderen Fischen um Michaela herumtanzen und so tun, als ob sie schwimmen würde. Zwischendrin sah Iris immer wieder Michaela zu, die mit der Lehrerin die vielen schwierigen Nixenschritte einstudierte. Zu Hause verwandelte Iris sich dann in eine Nixe und schwebte durchs Kinderzimmer.

Die Proben liefen gut. Michaela war eine tolle Nixe und die Aufführung rückte immer näher. Bei der Generalprobe waren alle extra früh da – bis auf Michaela.

Als Frau Sandner in den Ballettsaal kam, hatte sie hektische rote Flecken im Gesicht. »Michaela ist krank geworden«, sagte sie. »Sie liegt mit Fieber im Bett. Wir brauchen eine neue Nixe! Wer von euch traut sich denn zu, Michaela zu vertreten?«

»Ich!« – »Ich!«, riefen die beiden Mädchen, die sich zusammen mit Michaela um die Hauptrolle beworben hatten.

»Sonst noch jemand?«, fragte Frau Sandner und warf einen Blick in die Runde.

Iris' Herz klopfte schneller. Zögernd hob sie ihren Arm und sagte leise: »Ja, ich.«

Frau Sandner lächelte. »Sehr gut. Bitte tanzt alle drei vor.«

Iris kam als Letzte dran. Ihr Herz klopfte jetzt wie verrückt. Trotzdem konnte sie sich an jeden einzelnen Schritt der Nixe erinnern. Und zum ersten Mal fühlte sie sich leicht.

»Du hast wundervoll getanzt, Iris!«, sagte Frau Sandner. »Du darfst die Nixe spielen.«

»Ich???«, rief Iris und konnte es erst nicht glauben. Doch Frau Sandner meinte es wirklich ernst. Iris machte einen Luftsprung und jubelte.

Drei Tage später ging der Vorhang auf und Iris schwebte in ihrem Nixenkostüm durchs Meer. Am Anfang waren ihre Beine weich wie Wackelpudding, aber das ging zum Glück schnell vorbei. Die Nixe traf viele nette Fische auf ihrer Reise, doch erst der Delfin wurde ihr bester Freund. Seite an Seite tanzte Iris mit Leopold zum Wasserschloss. Dort verbeugte sie sich und bekam tosenden Applaus.

Die verrückte Hexe

»Nächsten Freitag gehen wir ins Ballett!«, verkündete Frau Breuer, die Klassenlehrerin der 1a. »Ich hab uns Karten für *Hänsel und Gretel* besorgt. Ist das nicht toll?«

»Jaaa!«, riefen zwei Mädchen, die selber Ballett tanzten. Die meisten anderen Mädchen waren auch begeistert. Nur die Jungen machten lange Gesichter.

»Ballett ist doof!«, sagte Niklas zu seinem Freund Robin, mit dem er in der letzten Reihe saß.

Robin tat so, als müsste er plötzlich schrecklich gähnen.

»Ballett ist stinklangweilig. Außerdem ist *Hänsel und Gretel* was für Schnullerbabys.«

»Genau!«, sagte Niklas und grinste.

Bis zum Schluss hofften Niklas und Robin, dass ihre Klassenlehrerin die Ballettaufführung vergessen würde, aber sie hatte leider ein ausgezeichnetes Gedächtnis.

Alle mussten mitgehen und spätestens um halb drei beim Theater sein, dabei fing die Vorstellung erst um drei Uhr an. Niklas und Robin rauften ein bisschen im Zuschauerraum, um sich wach zu halten. Das fand Frau Breuer gar nicht gut und sagte streng: »Niklas, Robin! Ihr setzt euch am besten gleich neben mich in die erste Reihe.«

»Das auch noch!«, stöhnte Niklas.

Er und Robin rutschten auf ihren Sitzen herum. Es dauerte ewig, bis endlich das Licht ausging. Dann spielte das Orchester eine stinklangweilige

Einleitung. Als der Vorhang aufging, tanzten ein Junge und ein Mädchen, die sich als Hänsel und Gretel verkleidet hatten, völlig albern über die Bühne. Niklas gähnte und steckte Robin damit an.

»Pssst!«, zischte Frau Breuer ihnen zu.

Egal, was auf der Bühne passierte, dauernd wurde getanzt: Als Hänsel und Gretel von ihren armen Eltern fortgeschickt wurden, als sie sich im Wald verirrten und als sie schließlich zum Hexenhaus kamen.

»Hihihi!«, machte die Hexe und lockte Hänsel und Gretel in ihr Lebkuchenhaus. Dort sperrte sie Hänsel in einen Käfig. Danach tanzte sie fröhlich im Kreis. Immer wilder tanzte sie und schüttelte dabei ihre zotteligen Haare. Plötzlich ging ein Aufschrei durch den Zuschauerraum. Die Hexe hatte ihre Haare verloren! Ihre Zottelperücke flog ins Publikum. Und sie flog direkt auf Niklas zu! Der streckte die Arme aus und fing die Perücke auf.

Die Hexe hatte es genau gesehen. Sie sprang von der Bühne und rannte zu Niklas hin. »Hihihi! Wen haben wir denn da? Noch einen schönen jungen Knaben. Komm mit in mein Lebkuchenhaus!« Sie streckte ihre knochigen Hände aus und schnappte nach Niklas.

»Nein, nicht!«, kreischte Niklas, sprang auf und rannte davon.

»Ich krieg dich schon!«, kicherte die Hexe.

Niklas rannte zum Ausgang, aber die Tür war zu. Er drehte sich um und lief der Hexe direkt in die Arme. Jetzt gab es nur noch einen Ausweg: Er muss-

te auf die Bühne springen. Und wieder war die Hexe ihm dicht auf den Fersen. Beim Lebkuchenhaus holte sie ihn ein und sagte mit süßlicher Stimme: »Gib mir meine Haare zurück, dann bekommst du einen leckeren Lebkuchen und ich lass dich gehen.«
Niklas glaubte ihr kein Wort. Er warf der Hexe die Perücke zu und rannte zurück in den Zuschauerraum. Keuchend plumpste er auf seinen Platz neben Robin. Alle Kinder lachten und klatschten.
»Na, warte!«, drohte die Hexe. »Früher oder später kriege ich dich!«
Niklas prustete los und Robin hielt sich den Bauch vor lauter Lachen.
Da beugte sich Frau Breuer zu ihnen herüber und fragte: »Na, wie findet ihr *Hänsel und Gretel*?«
»Cool!«, sagten Niklas und Robin gleichzeitig.

Das doppelte Dornröschen

»Heute wart ihr alle sehr fleißig beim Aufwärmen und den Übungen an der Stange«, sagte Frau Lorenz, die Ballettlehrerin. »Deshalb hab ich mir eine kleine Belohnung für euch ausgedacht.«
»Dürfen wir endlich Spitzentanz machen?«, fragte Marit.
Frau Lorenz schüttelte den Kopf. »Nein, dafür sind eure Beine und euer Rücken noch nicht kräftig genug. Aber ihr dürft euch eine Märchenfigur auswählen und einen Fantasietanz dazu ausdenken.«
»Au ja!«, riefen alle. Dann überlegten sie laut hin und her, wen sie spielen wollten. Denise fiel gleich etwas ein. »Ich bin Dornröschen!«, sagte sie.
»Ich auch!«, rief Marit.
Frau Lorenz runzelte die Stirn. »Bitte denk dir eine andere Märchenfigur aus, Marit. Sonst haben wir zwei Dornröschen.«
»Ich will aber Dornröschen sein!«, sagte Marit und stampfte mit dem Fuß auf. Das war ungerecht! Nur weil Denise sich eine Sekunde früher gemeldet hatte.
Die Ballettlehrerin seufzte. »Es gibt viele schöne Märchenfiguren. Wie wär's denn zum Beispiel mit Aschenputtel?«
»Aschenputtel?«, rief Marit entsetzt. »Die ist überhaupt nicht schön, die ist hässlich und schmutzig und einsam. Nein, dann will ich gar nicht tanzen!«
Sie warf Denise einen finsteren Blick zu, rannte davon und setzte sich auf ein Kissen in der Ecke des Ballettsaals.
Bestimmt würde Frau Lorenz gleich zu ihr kommen und sie zurückholen. Dann würde sie doch das Dornröschen spielen dürfen. Marit wartete und wartete, aber die Ballettlehrerin kam nicht.

Inzwischen hatte jeder eine Märchenfigur gefunden. Marit erkannte den Froschkönig, das Rotkäppchen, Schneewittchen, Frau Holle, Rumpelstilzchen und natürlich Dornröschen. Denise hatte sich eine Papierrose ans Trikot gesteckt und sah wunderschön aus. Schnell drehte Marit sich von ihr weg.
Doch plötzlich tanzte Ronan auf sie zu. Er hatte Marits linken Turnschuh in der Hand und ging vor ihr in die Knie. »Ich suche die Prinzessin, der dieser Schuh passt«, sagte er. »Darf ich ihn auch bei dir ausprobieren?«
»Äh ... ich weiß nicht ...«, sagte Marit.
Ronan tat so, als hätte sie Ja gesagt. Er zog Marits linkes Ballettschläppchen einfach aus und streifte ihr den Turnschuh über den Fuß. Dann strahlte er.

»Der Schuh passt! Endlich hab ich die richtige Prinzessin gefunden. Willst du meine Frau werden und mit auf mein Schloss kommen, Aschenputtel?« Er reichte ihr die Hand und lächelte so lieb, dass Marit lachen musste.
»Ja, ich komme mit«, antwortete sie.
»Ich wusste es!«, jubelte Ronan.
Marit stand auf und nahm die Hand ihres Prinzen. Mit dem Turnschuh am rechten und dem Ballettschläppchen am linken Fuß konnte sie nicht so gut tanzen wie sonst. Trotzdem fühlte sie sich wunderbar, noch viel schöner als Dornröschen. Stolz tanzte sie neben Ronan an Denise vorbei.
Ronan warf ihr immer wieder eine Kusshand zu und verbeugte sich vor ihr.
»Das ist die Prinzessin, die ich heiraten werde!«, rief er so laut, dass alle es hören konnten.
Gemeinsam tanzten sie zum Schloss hinein. Ronan steckte Marit ein Krönchen ins Haar, setzte sie auf einen goldenen Thron und drehte Pirouetten um sie herum.
»Bravo, bravo!«, rief Frau Lorenz.
Alle klatschten begeistert. Nur Denise konnte nicht mitjubeln. Die Arme war nämlich gerade in ihren hundertjährigen Dornröschenschlaf gefallen.

Die schönsten Vorlesebücher für Kinder

ab 4 Jahren

Frauke Nahrgang
Kleine Geburtstags-Geschichten zum Vorlesen
Ab 4 Jahren · 48 S.
ISBN 978-3-7707-2371-3

Maja von Vogel
Kleine Pony-Geschichten zum Vorlesen
Ab 4 Jahren · 48 S.
ISBN 978-3-7707-3942-4

Marliese Arold
Kleine Kindergarten-Geschichten zum Vorlesen
Ab 4 Jahren · 48 S.
ISBN 978-3-7707-2102-3

Maja von Vogel
Kleine Strand-Geschichten zum Vorlesen
Ab 4 Jahren · 48 S.
ISBN 978-3-7707-3940-0

Frauke Nahrgang
Kleine Geschwister-Geschichten zum Vorlesen
Ab 4 Jahren · 48 S.
ISBN 978-3-7707-3330-9

Elisabeth Zöller / Brigitte Kolloch
Kleine Dinosaurier-Geschichten zum Vorlesen
Ab 4 Jahren · 48 S.
ISBN 978-3-7707-2917-3

Das Vorleseprogramm von ellermann – für Kinder im Alter von 2, 3 und 4 Jahren

Weitere Informationen unter:
www.ellermann.de